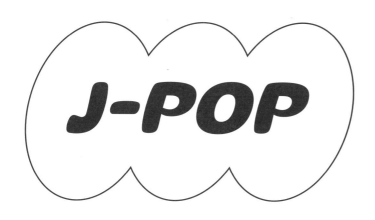

# J-POP 피아노 연주곡집 BEST

명나영 편곡

태림스코어

# 차례

# 너는 록을 듣지 않아

노래 Aimyon  작사 Aimyon  작곡 Aimyon

5

8

Lemon

# 레몬

드라마 '언네추럴' OST

노래  Yonezu Kenshi   작사  Yonezu Kenshi   작곡  Yonezu Kenshi

D.S. al Coda

Marigold
# 마리골드

노래 Aimyon  작사 Aimyon  작곡 Aimyon

20

Into The Night

# 밤을 달리다

노래 Yoasobi  작사 Ayase  작곡 Ayase

Naked Heart

# 별거벗은 마음

드라마 '남자 가정부를 원해?' OST

노래 Aimyon  작사 Aimyon  작곡 Aimyon

29

Betelgeuse
드라마 '슈퍼 리치' OST

노래 Yuuri  작사 Yuuri  작곡 Yuuri

Ai Wo Tsutaetaidatoka

# 사랑을 전하고 싶다든가

노래 Aimyon  작사 Aimyon  작곡 Aimyon

NO COPY

43

Samurai Heart (Some Like It Hot!!)

# 사무라이 하트

애니메이션 '온혼' OST

노래 Spyair  작사 Momiyama Kenji  작곡 Nakai Yuji

45

46

Sparkle

# 스파클

애니메이션 '너의 이름은' OST

노래 Radwimps   작사 Noda Yojiro   작곡 Noda Yojiro

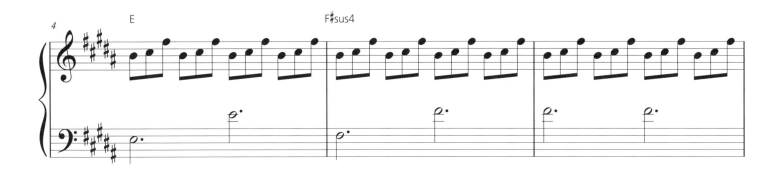

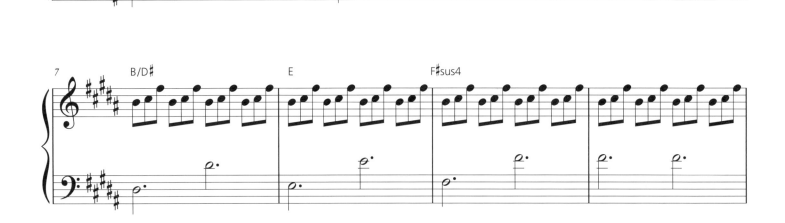

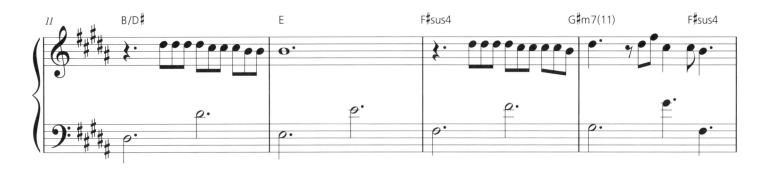

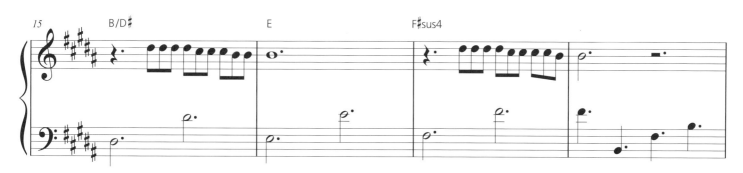

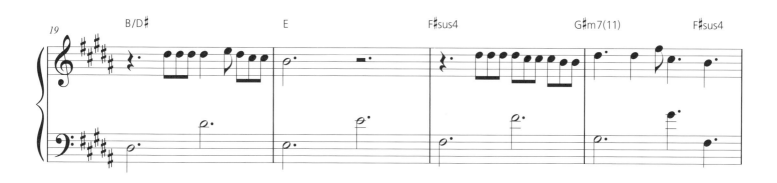

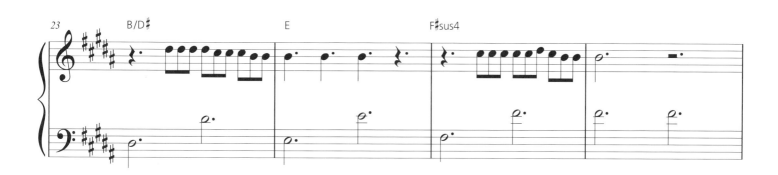

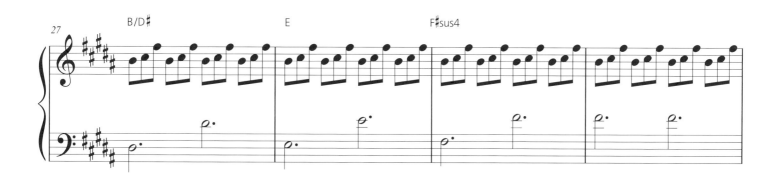

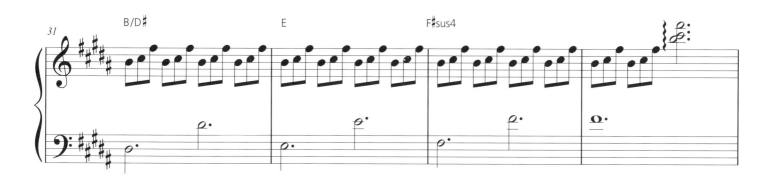

51

# 스페셜즈

Specialz

애니메이션 '주술회전' OST

노래 King Gnu    작사 Tsuneta Daiki    작곡 Tsuneta Daiki

모범 연주

57

# 아무것도 아니야

Nandemonaiya

애니메이션 '너의 이름은' OST

노래 Radwimps   작사 Noda Yojiro   작곡 Noda Yojiro

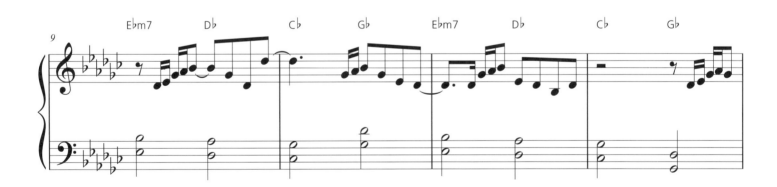

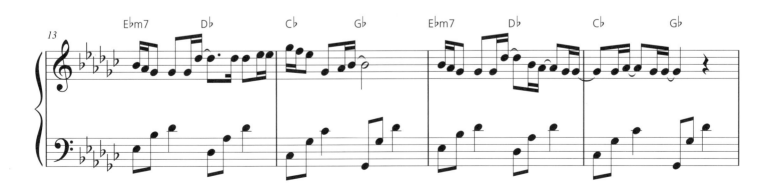

# 아이돌

애니메이션 '최애의 아이' OST

노래 Yoasobi  작사 Tanaka Keiichiro  작곡 Tanaka Keiichiro

Kanata Haluka

# 저 멀리

애니메이션 '스즈메의 문단속' OST

노래 Radwimps  작사 Noda Yojiro  작곡 Noda Yojiro

*D.S. al Coda*

## 참새

Suzume

애니메이션 '스즈메의 문단속' OST

노래 Radwimps   작사 Noda Yojiro   작곡 Noda Yojiro

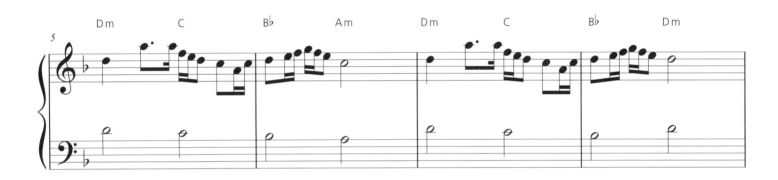

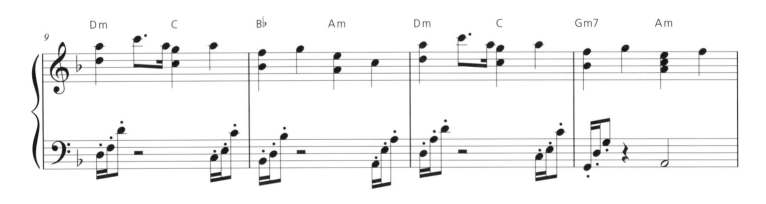

*D.S. al Coda*

Sun
# 태양

드라마 '마음이 부서지네요' OST

노래  Hoshino Gen    작사  Hoshino Gen    작곡  Hoshino Gen

# 프리텐더

영화 '컨피던스 맨 JP' OST

노래 Official髭男dism  작사 Fujihara Satoshi  직곡 Fujihara Satoshi

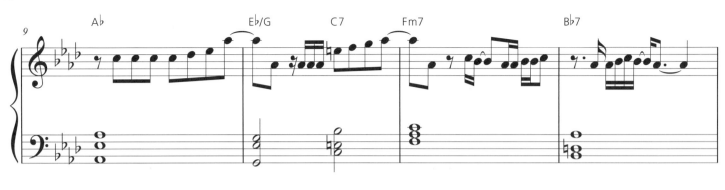

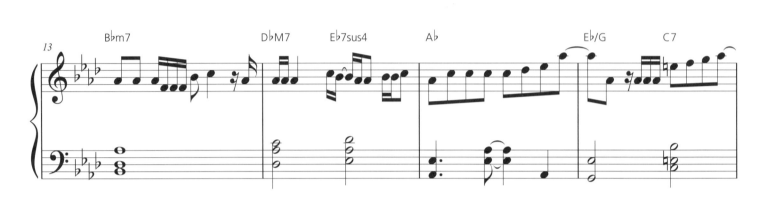

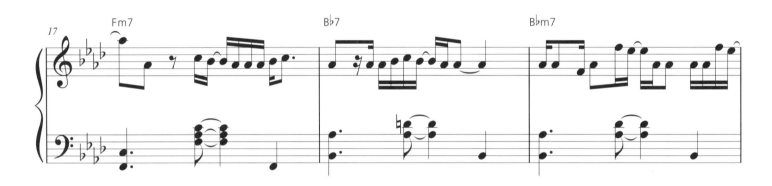

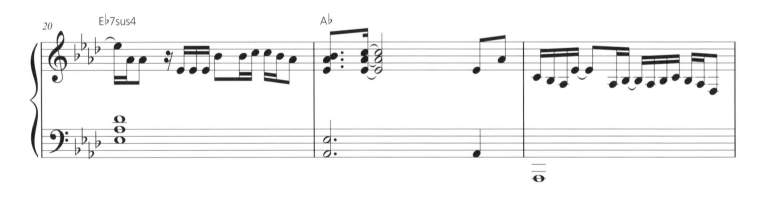

Her Blue Sky

# 하늘의 푸르름을 아는 사람이여

애니메이션 '그날 본 꽃의 이름을 우리는 아직 모른다' OST

노래 Aimyon   작사 Aimyon   작곡 Aimyon

Gurenge

# 홍련화

애니메이션 '귀멸의 칼날' OST

노래 Lisa  작사 Lisa  작곡 Lisa, Kusano Kayako

Comedy

# 희극

애니메이션 '스파이 패밀리' OST

노래 Hoshino Gen    작사 Hoshino Gen    작곡 Hoshino Gen

**명나영**

- 서울예대 실용음악과 재즈피아노 전공 수석
- 탱고듀오 El Caminito 피아니스트
- 재즈 FoL trio 피아니스트 (인스타그램 @groovebygrace)
- 유튜브 All about Piano 채널 운영
- 유튜브 올피CCM 채널 운영

# J-POP 피아노 연주곡집 BEST

**발행일** 2024년 10월 31일
**편곡** 명나영

**편집진행** 황세빈 · **디자인** 김은경 · **사보** 전수아
**마케팅** 현석호 · **관리** 남영애, 김명희

**발행처** (주)태림스코어
**발행인** 정상우
**출판등록** 2012년 6월 7일 제 313-2012-196호
**주소** 서울시 은평구 증산로 9길 32 (03496)
**전화** 02)333-3705 · **팩스** 02)333-3748

ISBN 979-11-5780-395-8-13670